MÉTODO
ESTIVILL
GUÍA RÁPIDA

MÉTODO ESTIVILL GUÍA RÁPIDA

PARA ENSEÑAR A DORMIR A LOS NIÑOS

DR. EDUARD ESTIVILL

PLAZA & JANÉS

Primera edición: noviembre, 2002

Printed in Spain – Impreso en España

ISBN: 84-01-37807-9
Depósito legal: B. 45.370 - 2002

Fotocomposición: Lozano Faisano, S. L. (L'Hospitalet)

Impreso en Liberdúplex, S. L.
Constitució, 19. Barcelona

L 3 7 8 0 7 9

A mis amigos, los padres; a mis colegas,
los pediatras, y a mis admirados niños,
que algún día serán padres

Índice

Introducción

Hace once años que empecé a investigar el insomnio infantil. Desde entonces he tratado personalmente a más de tres mil niños con problemas de sueño y he escrito un libro que los papás han bautizado cariñosamente como *El método Estivill*. En todo este tiempo el tratamiento ha logrado enseñar a dormir a decenas de miles de niños en más de veinte países.

Ahora quiero presentaros una guía rápida de mi método. Lo que tenéis en vuestras manos es una serie de normas que deberéis seguir para enseñar a dormir a vuestro hijo. En realidad se trata de un conjunto de conocimientos basados en investigaciones científicas, colocados ordenadamente con el objetivo de enseñar a conseguir un buen hábito de sueño.

Este método no debe entenderse como un dogma y en ningún caso pretende figurar como el único posible. Por el contrario, seguirlo o no es, simplemente, una opción personal y voluntaria; en este sentido, la *Guía rápida* solo desea ser una ayuda para los padres que deseen aplicarlo.

Enseñar a dormir a un niño no es nada fácil. Vosotros mejor que nadie sabéis que en realidad es una tarea muy difícil. Pero no es en absoluto imposible como probablemente habréis pensado en más de una desesperada ocasión. Mi experiencia clínica —esos tres mil pequeños pacientes— y los comentarios recibidos por los padres y pediatras que han puesto en práctica mi método, permiten asegurar que, si se aplican RIGUROSAMENTE las normas expuestas en el libro, el éxito está garantizado en más del 96 % de los casos. He dicho rigurosamente. Esto no significa duramente, sino con rigor. Es decir, SIN OLVIDARSE DE NADA.

¿POR QUÉ UN CD?

Como ya habéis podido observar, la *Guía rápida* presenta dos formatos. Por un lado, el libro que ahora mismo estáis leyendo y, por otro, un CD en el que os explico directa y personalmente en qué consiste mi método. En ambos casos —libro y CD— se exponen los mismos conocimientos y normas, pero el modo y el lenguaje empleados son tan distintos que resultan complementarios. De este modo es posible:

1. Que quienes os encontráis demasiado agotados para mantener los ojos abiertos y leer un libro después de no dormir bien una sola noche en semanas e incluso meses —algunos protestaréis «¡años!»—, podáis optar por escuchar el CD. En esta grabación, de 20 minutos de duración, oiréis mi voz explicando el método tal como lo expongo a quienes acuden a una de mis consultas médicas. Como podréis comprobar, el lenguaje utilizado es muy fácil de comprender y ello os ayudará a sentiros más relajados y capaces de comenzar con el tratamiento.
2. Que podáis leer el libro en casa y después repasar los conocimientos escuchando el compacto en el coche o en la oficina. En este sentido, la grabación se divide en diferentes apartados que se corresponden con los principales capítulos del libro. Eso resulta muy práctico, porque así, si tenéis una duda muy concreta, podéis escuchar exclusivamente ese punto seleccionando la pista correspondiente del disco, como cuando queréis escuchar varias veces seguidas vuestra canción favorita.
3. Que os repartáis el material con los abuelos o la canguro y así no tengáis que esperaros los unos a los otros para empezar a

estudiar el método, sino que TODOS LOS QUE ENSEÑARÉIS A DORMIR AL NIÑO aprenderéis a hacerlo mucho más rápidamente.

Puestos a resolver el problema lo antes posible, la existencia de un CD permite «multiplicar» las voces. O lo que es lo mismo, que podáis «acudir» todos a la consulta, sentándoos en grupo tranquilamente en el salón de casa a escuchar el compacto y deteniéndolo cada vez que lo deseéis.

1 Mi hijo no duerme bien

ALGUNOS CONSEJOS PREVIOS

Antes de empezar, es importante que leáis atentamente las siguientes recomendaciones:

1. Debéis *estar muy convencidos* antes de empezar a aplicar el método. Notad que he dicho *debéis*, y no *debes*. Es decir, la mamá, el papá y *todos los que estén al cuidado del niño* deben mentalizarse y coordinarse antes de comenzar. Esto es muy importante. Quienes apliquéis el tratamiento —papás, canguros, abuelos— debéis conocer las normas *de principio a fin* para seguir el mismo criterio ante cada una de las diferentes situaciones que el niño os planteará. Y tened por seguro que serán muchas y muy difíciles. Por eso todos debéis actuar de la misma manera, coordinadamente. Solo así evitaréis confundir al niño. Si esto no se cumple el fracaso es más que previsible.

2. Es importante asegurarse de *que el niño no padece ningún problema médico agudo* en el momento de comenzar el tratamiento. Hay que descartar cualquier tipo de enfermedad (las más frecuentes son otitis, intolerancia a la leche, reflujo y ocasionalmente problemas psicológicos o psiquiátricos). El pediatra os orientará sobre este punto.

3. Cada niño es distinto y tiene, por suerte, una personalidad diferente. Es posible que a algunos les cueste aprender más que a otros. Hay niños con temperamento dócil, mientras que otros tienen una forma de ser más rígida. Los hay más tranquilos y algunos resultan muy movidos.

   Desde el mismo momento en que nace un niño, los padres vais observando todos esos rasgos de su personalidad. Y, sin duda alguna, son importantes, pero en ningún caso pueden utilizarse como excusa para justificar que el niño no duerma bien. Enseñar a dormir a un niño consiste, simplemente, en enseñarle a realizar un hábito. A dormir se aprende, lo mismo que a comer, a leer o a ir al baño. Por supuesto que hay niños nerviosos, que apenas si pueden estarse quietos y a los que cuesta imaginar sentaditos leyendo un cuento, pero también ellos apren-

TODOS LOS QUE CUIDAN AL NIÑO DEBEN ESTAR IMPLICADOS EN EL TRATAMIENTO Y CONOCER PERFECTAMENTE TODA LA TÉCNICA DE ENSEÑANZA DEL HÁBITO

den a leer y lo hacen tan bien como los más tranquilos. Todos lo consiguen, antes o después. Así que *no utilizaremos la excusa de que el niño es muy movido*. Seguro que si vosotros le enseñáis a dormir correctamente, él aprenderá a hacerlo.

4. Tal como apuntábamos, depende de vosotros que el niño duerma bien. Vosotros sois los maestros, los únicos que vais a enseñar a dormir a vuestro hijo. Él no puede aprender solo. Os necesita para que le enseñéis. Y tenéis que ser los mejores maestros. Para ayudaros a conseguirlo, el Método Estivill os ofrece las herramientas necesarias: en primer lugar os explica en qué consiste el hábito de sueño y a continuación el modo en que debéis enseñar este hábito a vuestro hijo.

    No es difícil imaginar cómo os podéis sentir en este momento con un hijo que no duerme. La sensación de impotencia es terrible, os parece que sois los peores padres del mundo, los más desgraciados, los que peor hacen las cosas y los que nunca jamás lograrán volver a dormir ocho horas seguidas. Nada de ello es cierto. Sois los mejores padres del mundo, lo único que ocurre es que debéis poner un poco de orden en la forma en que enseñáis a dormir a vuestros hijos. *No hay motivo para que os sintáis culpables*. En absoluto. Como mucho, estáis haciendo cosas que no sirven para enseñar a dormir a vuestro hijo. Las hacéis con la mejor intención del mundo, pero resultan totalmente inútiles y, en ocasiones, incluso contraproducentes. Pero sucede que *nadie os ha explicado jamás cómo aprende a dormir un niño*, así que no sois culpables de nada. Solo lo seréis si después de leer este método no lo aplicáis correctamente. Estos reproches de que «los papás jóvenes o primerizos no atienden bien a sus hijos» son totalmente inciertos. Lo único que hace falta es que alguien les oriente e informe sobre cómo deben enseñar a dormir a sus hijos.

- Si vuestro hijo no duerme bien, no es por culpa vuestra.
- Simplemente nadie os ha explicado cómo debe hacerse.
- Responsables solo lo seréis después de conocer el método y no aplicarlo debidamente.

5. Después de tantas noches de insomnio colectivo, debéis sentiros agotados, irritables y bastante nerviosos. Pero vosotros no sois los únicos en sufrir las consecuencias del mal dormir. Vuestro hijo también las padece. El sueño es un período muy importante en nuestra vida, imprescindible para tener una buena jornada. Por esto los niños que duermen mal sufren alteraciones durante el día: están más irritables y malhumorados, dependen más de sus cuidadores que los niños sin este tipo de problemas, y lloran por nada. Muchos padres, después de aplicar el método y conseguir que el niño duerma bien, dicen: «Incluso ha cambiado de carácter. Está más tranquilo, juega solito algunos ratos, está de buen humor e incluso es

más simpático». Sin embargo, esto no es cierto. El niño era simpático «de nacimiento»; lo único que ocurría es que la falta de sueño alteraba su estado de ánimo y le volvía huraño e irascible.

¿POR QUÉ ES IMPORTANTE QUE NUESTRO HIJO DUERMA BIEN?

Por una sencilla razón: porque nadie puede vivir sin dormir, incluidos peces y murciélagos. Durante el sueño el organismo fabrica todo lo que gastará al día siguiente. Y si un niño no descansa lo suficiente se sentirá irritado, nervioso, cansado y somnoliento.

Existe otra razón igual de sencilla: vuestra salud mental —y sentimental— acabará resintiéndose como paséis muchas más noches sin poder descansar y arrastrándoos como zombis por el trabajo.

CONSECUENCIAS DE NO DORMIR BIEN

En lactantes y niños pequeños

Irritabilidad, mal humor
Llanto frecuente
Dependencia de sus cuidadores; no saben estar solos

En niños en edad escolar

Fracaso escolar
Inseguridad y timidez
Mal carácter

CONSECUENCIAS DE NO DORMIR BIEN

En los padres

- Cansancio
- Inseguridad
- Sentimientos de culpa
- Acusaciones mutuas en la pareja
- Cambios radicales en la vida de pareja
- Frustración ante la situación
- Sensación de fracaso e impotencia
- Reacciones agresivas

¿POR QUÉ AÚN NO DUERME BIEN?

Antes de explicar que el dormir bien es un hábito que se aprende y que, por tanto, podéis enseñar a vuestro hijo a hacerlo correctamente, vamos a ver en qué consiste el sueño, cuál es su fisiología. Para empezar, definiremos qué es y cuánto dura un ritmo biológico.

Ritmos biológicos

Un ritmo biológico es la repetición sistemática de un tipo de actividad que realiza nuestro organismo (por ejemplo: dormir-estar despierto; dormir-estar despierto):

En los recién nacidos: Cuando nace, un bebé tiene un ritmo biológico que oscila entre las 3 y las 4 horas. Es decir, un recién nacido tiene una ritmicidad que consiste en que cada 3 o 4 horas realiza una serie de actividades —se despierta, le lavan, come y duerme— que conforman un ciclo. Una vez se completa dicho ciclo, comienza otro idéntico —vuelve a despertarse, otra vez le lavan, come y duerme—. Este tipo de ciclo se llama «ultradiano».

En los adultos: El ritmo biológico de un adulto es circadiano («cerca de un día»). Es decir, cada 24 horas repetimos y alternamos los patrones de vigilia y sueño.

SUEÑO DEL RECIÉN NACIDO HASTA EL PRIMER MES

RITMO BIOLÓGICO: REPETICIÓN SISTEMÁTICA DE UN TIPO DE ACTIVIDAD QUE REALIZA NUESTRO ORGANISMO.
EJ.: DORMIR, ESTAR DESPIERTO, DORMIR, ESTAR DESPIERTO.

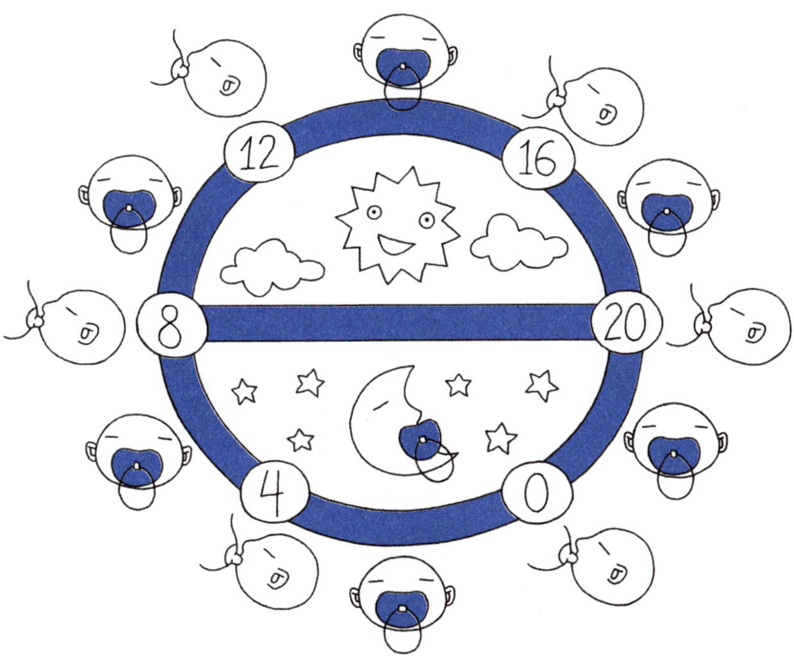

RITMO ULTRADIANO DE 3-4 HORAS

¿Cuándo cambia el ritmo biológico?

A partir del tercer o cuarto mes de vida, los niños empiezan a alargar progresivamente su ritmo biológico. Para pasar de las 3-4 horas del ciclo ultradiano a las 24 horas propias de los adultos, los bebés empiezan por alargar el primer sueño de la noche consiguiendo dormir seis horas seguidas; lo cual es un regalo para los padres.

Al cumplir los seis meses, ese sueño nocturno debería alcanzar ya las doce horas de un tirón. A ese descanso habría que añadirle dos o tres pequeñas siestas durante el día (una después del desayuno —de

EL SUEÑO DESDE EL PRIMER AL CUARTO MES

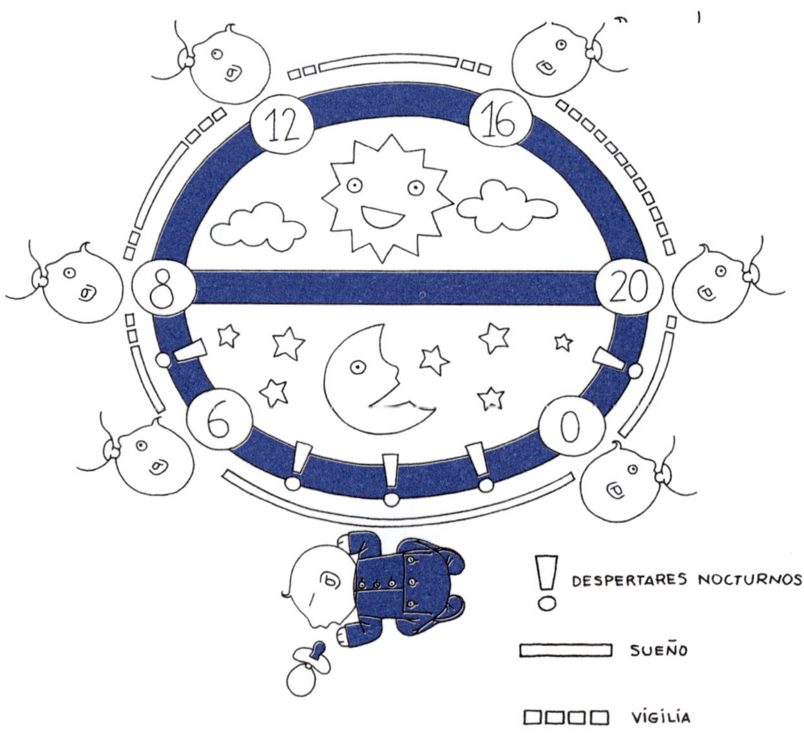

9 a 10 h—, otra después de la comida del mediodía —entre las 12 o 13 h y las 15 o 16 h— y una última, optativa y más pequeñita, tras la merienda.

¿Cómo se produce el cambio?

El cambio se produce gracias a un grupo de células del cerebro humano[1] que funcionan como un reloj. El objetivo de este «reloj» es lograr

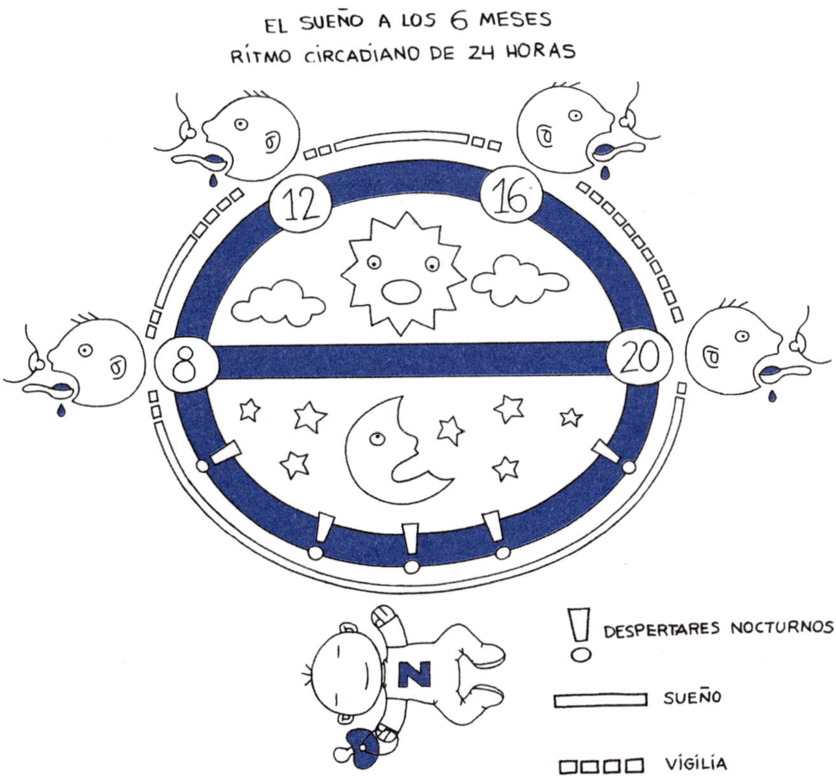

1. Denominadas con el término de «núcleo supraquiasmático del hipotálamo».

que todas las necesidades de la persona se adapten al ritmo biológico de 24 horas, es decir, al ritmo solar.

Pero este reloj necesita que le «den cuerda». El 70 % de los recién nacidos consiguen «ponerlo en marcha» con unas escasas rutinas, unos cuantos y sencillos estímulos (coger al niño, ponerle en su cuna, decirle buenas noches, mecerle un poquito o cantarle una canción). Estos niños a los seis meses ya duermen perfectamente bien y sus padres se congratulan diciendo: «Me ha tocado un niño que duerme bien».

Sin embargo, no se trata de un sorteo. Los niños que conforman el 30 % restante pueden dormir tan bien como los del primer grupo. Sencillamente, necesitan algo más de «cuerda». En absoluto tienen un problema psicológico ni médico, sino una alteración de su ritmo de vigilia-sueño. Su reloj es un poco anárquico. Este pequeño trastorno es muy fácil de solucionar, pero deberemos hacerlo cuanto antes, porque cuanto más crece el niño más difícil es corregirlo.

¿Cómo se le «da cuerda» al reloj?

Podemos poner en marcha el reloj del bebé mediante los siguientes estímulos externos:

1. *Reforzando el contraste entre:*
   a. luz (de día) y oscuridad (de noche)
   b. ruido (de día) y silencio (de noche)

   En este sentido, potenciaremos la idea de que la luz y el ruido son propios del día y de la vigilia, mientras que la oscuridad y el silencio quedarán asociados a la noche y al sueño. Por eso, durante el día no crearemos ambientes artificiales y mien-

tras el niño duerma la siesta no andaremos de puntillas por la casa ni bajaremos todas las persianas. Al contrario, nos comportaremos con normalidad.

2. *Ayudándonos de las comidas*, que anuncian la actividad que les sigue: el dormir (ya sea la siesta o el gran sueño de la noche).

3. *Enseñándole el hábito del sueño*. En otras palabras, mostrándole el modo de que aprenda a conciliar el sueño por sí mismo, sin que nadie le ayude.

CARACTERÍSTICAS CLÍNICAS DEL INSOMNIO INFANTIL (POR HÁBITOS INCORRECTOS)

Si el niño no logra cambiar su ritmo biológico y no aprende a dormir correctamente sufrirá lo que clínicamente se llama «insomnio infantil» o insomnio por hábitos incorrectos. Las características de este trastorno son:

— Dificultad para iniciar el sueño solo.
— Múltiples despertares nocturnos.
— Sueño superficial (se desvela ante cualquier ruido).
— Duerme menos horas de las habituales para su edad.

Si vuestro hijo sufre este tipo de trastorno no debéis alarmaros, porque se trata de un niño totalmente normal desde el punto de vista psíquico y físico. Únicamente no ha aprendido bien a dormir y estáis a punto de solucionar ese problema.

RESUMEN

Mi hijo no duerme bien:
La fisiología del sueño y el reloj biológico

- Los recién nacidos tienen un ritmo biológico ultradiano que dura entre 3 y 4 horas. Durante este período se despiertan, los lavan, comen y duermen, y a continuación repiten el proceso.
- Hacia los seis meses los bebés se adaptan a un ritmo circadiano, idéntico al de los adultos. Es decir, la repetición sistemática de actividades debería cambiar cada 24 horas. Así, al llegar la noche deberían dormir de un tirón entre 11 y 12 horas (además de las posibles siestas).
- El 70 % de los niños cambia de ciclo sin dificultad gracias a un grupo de células del cerebro humano que funcionan como un «reloj».
- El resto de los niños necesita pequeños estímulos que les ayuden a «dar cuerda» al reloj. Los principales son:

— Reforzar el contraste entre:
  - Luz (de día) y oscuridad (de noche)
  - Ruido (de día) y silencio (de noche)

— Ayudarse de las comidas para anunciar la hora de dormir.

— ENSEÑAR EL HÁBITO DEL SUEÑO. Es decir, mostrar al niño cómo puede conciliar el sueño por sí mismo.

2 Aprender el hábito del sueño

Todo el mundo ha soñado alguna vez con volver a la infancia, a aquella gloriosa etapa en la que no había que fichar a las ocho de la mañana ni asistir a las reuniones de la comunidad de vecinos para hablar de las goteras del ático. Durante los primeros años de vida, nuestra única obligación era comer y dormir para cubrir dos necesidades básicas: la de alimentarnos y la de descansar.

Por supuesto, ya no nos acordamos, pero desgraciadamente ni siquiera el comer y el dormir fueron actividades tan sencillas, al menos no al principio. Todos tuvimos que aprender a hacerlas correctamente. Si nadie nos hubiera enseñado a utilizar la cuchara y el tenedor, tal vez aún estaríamos utilizando el sonajero para rebañar la salsa de las albóndigas. Y tal vez jamás se nos hubiera ocurrido pensar que una dieta equilibrada no puede estar basada exclusivamente en las chocolatinas.

De manera que podemos concluir:

1. Que no es lo mismo comer que comer bien. Y del mismo modo, *no es lo mismo dormir que dormir bien*. En este sentido, está claro que vuestro hijo duerme algunas horas al día; nadie puede vivir sin hacerlo. Otra cosa es que lo haga correctamente y la cantidad de horas recomendables para su edad.

   ¿Y cómo podéis saber que vuestro hijo duerme bien? Muy sencillo, lo hará si contestáis «sí» a las siguientes preguntas:

   - Se acuesta sin llorar y con alegría.
   - Concilia el sueño por sí mismo.

- Duerme en su cuna y con la luz apagada.
- Duerme entre 11 y 12 horas de un tirón (aunque algunos niños pueden necesitar algo menos, esta es la media).

2. *Que a dormir, igual que a comer, se aprende*. El sueño es un hábito y como tal requiere un aprendizaje.

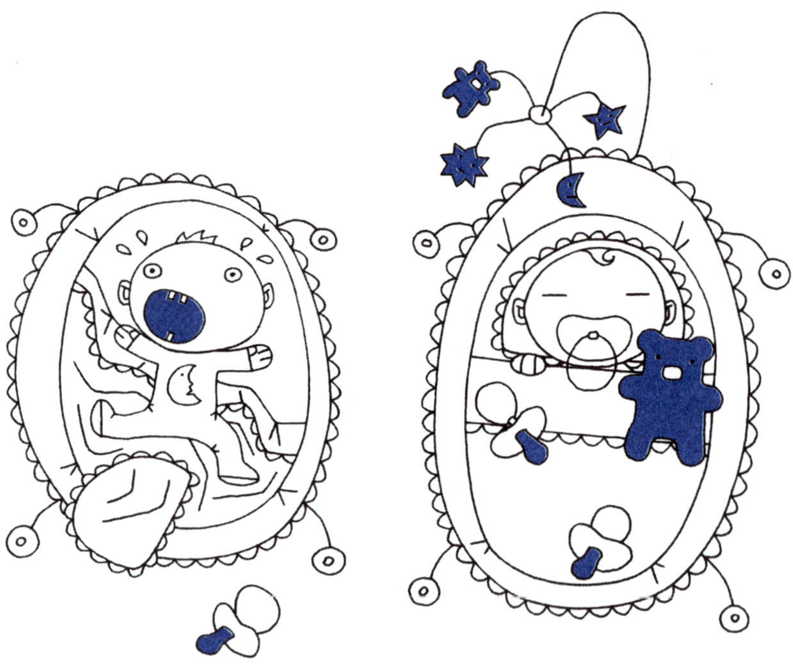

A. ¿CÓMO SE CONFIGURA UN HÁBITO?

Ahora que hemos entendido que el dormir es un hábito y que, como tal, se aprende, vamos a utilizar el ejemplo de la comida para entender cómo se enseña un hábito a un niño:

UN HÁBITO SE ENSEÑA CON LA REPETICIÓN DE LA ASOCIACIÓN DE UNOS ELEMENTOS EXTERNOS Y CON LA ACTITUD QUE TRANSMITEN LOS PADRES

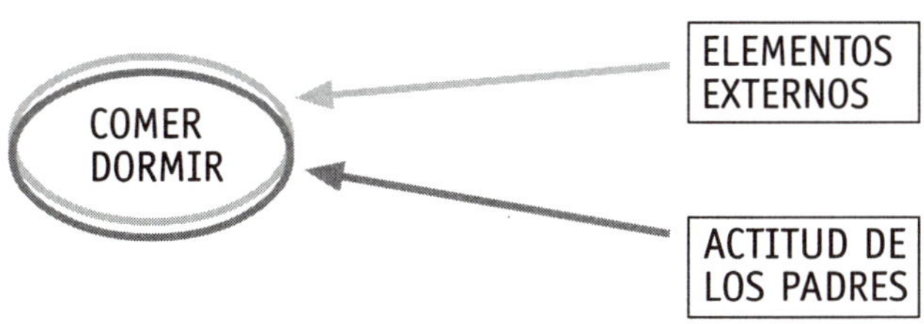

1. Asociando unos *elementos externos* a dicho hábito:

   Cuando llega la hora de comer, los padres siempre llevan a cabo las mismas acciones y preparativos, como si se tratase de un ritual. De forma natural, cogen al niño, lo sientan en la sillita, le ponen el babero, cogen un bol y una cuchara. Estos elementos (sillita, babero, bol y cuchara) permanecen siempre con el niño durante el tiempo en que él está tomando su papilla, es decir, realizando su hábito.

A nadie se le ocurre retirar uno de estos elementos antes de que acabe el hábito (a media papilla no se llevan la cuchara y le dicen al niño que termine de rebañarla con los dedos).

La repetición de esta asociación de elementos externos con el hábito (comer) da seguridad al niño. Al cabo de un tiempo, el pequeño conoce tan bien todo el proceso que con solo ver aparecer el bol empezará a sacudir los bracitos alegremente, porque sabe que ha llegado la hora de la papilla.

2. Mostrando *una actitud segura y confiada*. Hay que tener presente que los niños siempre captan lo que los adultos les transmiten. Un bebé nunca se traumatiza solo. Siempre hay algo o alguien que le provoca el trauma.

   Desde sus primeros días de vida, un niño entiende lo que los adultos le comunican mediante el tono que emplean al hablarle. No necesita comprender el significado de las palabras para saber si sus papás están enfadados o alegres.

   En este sentido, no le importará que le llamen «gordito» o «mocoso» si la voz que lo hace suena dulce, mientras que se asustará al oír un «¡Qué guapo eres, chiquitín», si la garganta que lo pronuncia recuerda a la de la niña del exorcista.

   Del mismo modo, el niño también es capaz de percibir si sus papás se sienten o no seguros al llevar a cabo una acción. Si los adultos que le cuidan se muestran dubitativos, él también dudará y se sentirá inseguro cuando le toque desempeñarla a él.

   Al enseñar a comer a sus hijos sus primeras papillas, los padres se muestran confiados y tranquilos. Y los niños así lo entienden. Ven que sus papás no tienen ninguna duda acerca del modo en que los bebés toman las papillas en esta parte del planeta. No manifiestan ni un amago de inseguridad al respecto. Siempre lo hacen de la misma manera porque están convencidos de que es la correcta. Tanto es así, que incluso ignorarían al más prestigioso de los pediatras si este apareciese en

ELEMENTOS EXTERNOS QUE SE ASOCIAN A UN HÁBITO

- Elementos externos que se asocian al comer: plato, vaso, cuchara, babero...
- Dejamos el elemento externo todo el tiempo que dura el hábito.
- Cuando se termina un hábito, se retiran todos los elementos asociados a ese hábito.

la televisión explicando una revolucionaria teoría sobre las ventajas de que los niños tomen los potitos con pajita y tumbados en el suelo.

Los papás no dejan que sus hijos coman de una manera diferente a la que ellos le enseñan. Si el niño mete la mano dentro del plato o espurrea el zumo de naranja, los adultos le explican que está actuando incorrectamente. Y a continuación le indicarán el modo de hacer lo correcto igual que le explican que la cuchara se emplea para tomar la sopa y los yogures.

Y, ¿verdad que a nadie se le ocurriría pensar que un niño se va a traumatizar porque le «obligan» a comerse el yogur con una cuchara? No, entre otros motivos, porque cuando se lo explican los adultos lo hacen de manera pausada y natural, no como si se tratase de un castigo. Nadie le va a decir: «Y ahora te voy a castigar a comerte la sopa con cuchara». Y, como no le vamos a transmitir sensación de castigo, él nunca va a vivir traumáticamente este hecho.

En cambio, con el dormir no sucede lo mismo. Tal vez vosotros también habéis pronunciado en alguna ocasión una frase similar a: «Si te portas mal, te irás a la cama». Y es que a menudo los papás castigan a sus hijos con irse a la cama o a dormir. Al hacerlo, provocan que el niño asocie la «cama» a castigo, a algo negativo y hasta traumático.

- El niño capta lo que el adulto le transmite.
- Un niño nunca se traumatiza solo, el adulto le transmite el trauma.

¿Qué sucedería si dudáramos?

Pensemos por un momento que los papás no tienen tan claro que para que un niño coma correctamente hay que sentarle en una sillita, ponerle un babero y ayudarse de un bol y una cuchara. Imaginemos que un día cambian el babero por un mantón de Manila y el bol por un casco de moto, y que en vez de sentar al niño en su sillita optan por «instalarlo» en la canasta de baloncesto del jardín mientras prueban a encestar las cucharadas de papilla desde la ventana del comedor. Absurdo, ¿verdad? Pues ahora pensad en lo que estáis dispuestos a hacer cuando vuestro hijo empieza a berrear a medianoche: el pino, bailar los pajaritos, imitar a Mari Carmen y sus muñecos con todos los peluches de la habitación, tratar de hipnotizarlo agitando la lámpara colgante delante de su carita.

¿Y qué va a pensar esta pobre criatura? Probablemente, estará deseando crecer y aprender a hablar para presentar una denuncia en el juzgado de guardia. Ahora, en serio, con tanta duda e improvisación, los padres están transmitiendo inseguridad a su hijo. El niño capta que los adultos se sienten desbordados, que no saben qué hacer y que van improvisando. Además, al cabo de un rato, estarán malhumorados y frustrados. De este modo, resulta totalmente imposible que el chiquillo se sienta seguro y que aprenda el hábito del sueño. No lo conseguirá hasta que sus progenitores le transmitan la seguridad necesaria para entender que conciliar el sueño solo en su cunita es algo sencillísimo y no un número circense.

B. ¿CÓMO SE COMUNICA UN NIÑO?

Un niño es un ser inteligente, listo. Desde el momento en que nace observa detenidamente a sus padres, sabe cómo actuar para conseguir que ellos respondan a sus deseos y demandas. Es decir, sabe perfectamente que toda *acción* suya provoca una *reacción* de sus padres. A medida que el bebé crece también aumenta su capacidad de comunicarse con los adultos.

¿CÓMO SE COMUNICA A UN NIÑO?

- Mediante el principio de acción-reacción.
- El adulto debe ignorar la acción si no es adecuada.
- El adulto debe reforzar la acción si es adecuada.

De los 6 a los 18 meses (cuando empieza a hablar): Su manera de comunicarse durante este período consiste en realizar una acción que provoque una reacción en el adulto. En este sentido, puede:

- Sonreír, decir bubú, dar palmitas: con estas monerías consigue que sus padres se emocionen y se hinchen como orgullosos sapos. Sin embargo, al vigésimo bubú, los padres parecen no escucharle.
- Llorar, gritar, vomitar y darse golpes: con este efectivo repertorio obtienen toda la atención de sus papás, que corren a hacerle compañía y mimitos. En realidad, no le pasa nada, solo quiere llamar la atención y no estar solo.

Por eso, cuando el niño no sabe conciliar el sueño por sí mismo y se siente inseguro, intentará que sus padres corran en su busca. Pero como ha comprobado que haciendo bubú nadie le atiende, probará con otra acción más contundente y no por eso debéis asustaros. Para un niño vomitar es algo muy sencillo y aunque se dé golpes —algo que en principio os puede alarmar y con razón—, no llegará a autolesionarse y abandonará esta práctica en cuanto entienda que vosotros no le dais ninguna importancia.

De los 18 meses a los 5 años: A esta edad, los niños adquieren una nueva arma: el lenguaje. Sin embargo, lo utilizan de un modo distinto al que lo hacemos los adultos. Para un niño de tres años la palabra es una acción más. Saben que al pronunciar determinados vocablos sus padres reaccionan inmediatamente. Después de mucho experimentar saben que:

— Un «mamá-coca-cola» a las dos de la mañana no merece la menor consideración.
— Un «papá-sed» repetido veinte veces a las dos de la mañana logra que el padre se levante de la cama a la veintiuna. Y, aunque sea imposible que el niño tenga sed, cuando le den el vaso de agua se lo beberá. Lo hará solo para que piensen «pues era verdad, pobrecito». De ese modo, también le harán caso el próximo día que utilice este recurso.
— Un «mamá-pupa-barriga» es infalible. Consigue que cualquier madre se abalance sobre su pequeño para comprobar que se encuentra bien.

Conclusión: ¿Qué hará un niño cuando quiera que sus padres corran a su lado? Está claro, utilizará las palabras más alarmantes y efectivas, aunque no tengan ningún fundamento y, en ocasiones ni siquiera sepa qué significan exactamente.

ACCIONES INADECUADAS DEL NIÑO AL ACOSTARSE

- Entre los 6 y los 18 meses: Llanto, gritos, vómitos, darse golpes...
- A partir de los 18 meses (ya utilizan palabras): Tengo pipí, quiero agua, cuéntame un cuento, tengo miedo...

Cuanto antes, mejor

Los berrinches, teatros e intentonas realmente desesperadas de llamar la atención son «conductas inadecuadas» de vuestro hijo. Ante un comportamiento de este tipo caben dos posibilidades:

1. Ignorar la acción del niño.
2. Atender a su llamada de atención.

¿Qué sucede según reaccionemos con cada una de ellas? Pongamos un ejemplo sencillo: vuestro hijo quiere que le deis un objeto de la habitación. Su manera de pedirlo es señalarlo y empezar a berrear. Dar berridos es una conducta inadecuada. Ante ella, podéis reaccionar:

— Ignorando sus chillidos. Es decir, no le dais el objeto y hacéis ver que no le escucháis. De este modo, el pequeño aprende que las cosas no se piden montando un basilisco y tendrá que encontrar otro modo, el que vosotros le enseñaréis que es el adecuado.
— Dándole el objeto, porque sus agudos gritos están a punto de destrozar vuestros nervios y hasta la vitrina del comedor. Si respondéis a su demanda de este modo, el niño creerá que es la normal y siempre pedirá las cosas de este modo. Es decir, estaréis *reforzando* su conducta inadecuada.

Las conductas pueden ser innatas o aprendidas. El llorar o patalear para conseguir un objeto son conductas innatas que cualquier bebé realiza de manera espontánea sin que nadie se las explique. Esa acción es una conducta tan innata como inadecuada.

Según los padres reaccionen ante estas primeras conductas, el niño aprenderá a repetirlas o a desecharlas. A partir de ese momento —de esa interacción—, el llorar será una conducta aprendida. Cuantas más veces la reforcéis más difícil os resultará modificarla. Y si el niño cumple diez años comportándose de este modo probablemente será insoportable durante toda su vida.

Por tanto, lo mejor y lo más fácil es empezar a modificar las conductas inadecuadas cuanto antes. La manera de hacerlo será siempre la misma, tanto para un niño de ocho meses como para otro de cuatro añitos: *las conductas inadecuadas se ignorarán siempre.*

RESUMEN

APRENDER EL HÁBITO DEL SUEÑO

¿Cómo se configura un hábito?

- Asociando unos elementos externos a dicho hábito y repitiendo siempre la misma asociación (al dar de comer se emplean siempre los mismos elementos: sillita, babero, bol y cuchara).
- Mostrando una actitud segura y confiada.

¿Cómo se comunica un niño?

Realizando acciones que buscan y provocan la reacción de sus padres. Las acciones que puede realizar son:

— De los 6 a los 18 meses (cuando empieza a hablar):
- Sonreír, decir bubú, dar palmitas.
- Llorar, gritar, vomitar y darse golpes.

— De los 18 meses a los 5 años:
- Utiliza el lenguaje como una acción más. Pronuncia palabras que a veces desconoce qué significan, pero que sabe que consiguen hacer reaccionar a los adultos (ej.: «mamá-pupa-barriga»).

Las acciones y conductas inadecuadas de los niños deben ser ignoradas por los padres para no reforzarlas. En su lugar, hay que mostrarle la conducta adecuada.

3 Cómo se enseña el hábito del sueño

Ha llegado el momento de empezar a concretar cómo aplicaremos la teoría aprendida hasta ahora. Pero antes de hacerlo debéis tener claro que no importa la edad de vuestro hijo. Es igual que tenga nueve meses o cuatro años y medio. Para iniciar el tratamiento debemos partir de la premisa de que el niño ha nacido hoy mismo. Lo que hayáis podido inventar para dormir al niño anteriormente no está ni bien ni mal, simplemente lo olvidaréis.

1. PREPARAR EL MATERIAL PARA ENSEÑAR

En primer lugar, deberéis elegir los elementos externos que acompañarán al niño durante todo el tiempo que permanezca en su cuna o cama.

Igual que sucedía con la cuchara y el bol, el niño no tardará en asociar estos elementos externos a su sueño y pronto le resultarán imprescindibles para conciliar el sueño. También los necesitará cada vez que se despierte a medianoche (algo que todos hacemos varias veces durante el sueño sin que después lo recordemos al día siguiente). Por eso es tan importante que vosotros no seáis «elementos externos asociados a su sueño». Es decir, debéis desaparecer del cuarto antes de que el niño se quede dormido. No podéis ayudarle a conciliar el sueño meciéndole, acariciándole o haciéndole mimitos. Si lo hacéis, reclamará vuestra presencia en cada uno de sus despertares y ya podéis estar pensando en buscar una buena butaca para montar guardia junto al quicio de la puerta. Por este motivo está totalmente desaconsejado:

- cantarle
- mecerlo en los brazos
- mecerlo en la cuna (si se despertara a medianoche echaría de menos el vaivén y necesitaría la ayuda de alguien para volver a mecerse)
- darle la mano
- pasearlo en cochecito
- darle una vuelta en automóvil
- tocarlo o dejar que nos toque el cabello
- darle palmaditas o acariciarle
- darle un biberón o amamantarle para que calle
- ponerle en nuestra cama
- dejarle trotar hasta que caiga rendido
- darle agua

ELEMENTOS EXTERNOS

- Póster
- Móvil
- Muñeco
- Chupetes (si los usa)

Debe estar en su cama o cuna, con un pijama-manta

En su lugar, buscaréis elementos externos que le «acompañen» toda la noche para que no pueda echarlos de menos si se despierta de repente. Los responsables de seleccionar esos elementos sois vosotros, el niño nunca puede sugerirlos. Él es demasiado pequeño para entender el método y más aún para hacer propuestas.

a. Buscaréis un muñeco para que siempre duerma con él. Puede ser uno que ya tengáis o tal vez uno nuevo. En cualquier caso, sois vosotros quienes lo escogéis. Una vez os hayáis decidido, bautizad al muñeco con un nombre si aún no lo tiene. *Pepito* es un apodo sencillo para un niño.

b. Si el niño aún utiliza chupetes estará bien que repartáis unos cuantos sobre el colchón, para que así, si se despierta a medianoche buscándolos, le resulte fácil encontrar uno que llevarse a la boca.

c. Inventaréis otro par de elementos externos para que el niño pueda verlos si abre los ojos. Por ejemplo, el papá puede pintar y recortar una luna y pegarla en la pared, y la mamá colgará un móvil que —como la luna— acompañará al niño todas las noches a una distancia prudencial para que no pueda tocarlo ni arrancarlo.

d. Otros. A partir de los siete meses el niño se mueve por la cuna y se destapa con facilidad. Para no tener que estar pendiente de él se recomienda acostarlo con un pijama-manta, para que así siempre esté calentito y no tengamos que preocuparnos de darle vuelta para arroparle.

PUESTA EN MARCHA

Está comprobado que el cerebro de un niño concilia el sueño con mayor facilidad si le enseñamos a dormir en la franja horaria que va entre las 20 y las 21 horas en invierno y las 21 y las 22 horas en verano.[1] Por eso es fundamental que nos guiemos por este horario para fijar el nuestro propio y que, una vez establecido, lo respetemos siempre.

Teniendo en cuenta este horario determinamos cuándo realizaremos los otros hábitos y concluimos que la mejor hora para darle de cenar son las ocho de la noche (recordad que la comida nos ayuda a poner en marcha el reloj). Si no habéis bañado al niño por la mañana es mejor que lo hagáis poco antes de la cena.

En cualquier caso, en cuanto el niño acabe de comer, retiraréis todos los elementos externos asociados al hábito de comer, incluido el vaso de la leche, los zumos... Así el niño entenderá que la comida tiene sus tiempos y que no deberá recurrir a las excusas de «tengo hambre» y «tengo sed» cuando se encuentre solo e inseguro en su habitación. Cada cosa tiene su momento.

2. MENTALIZACIÓN DE «LOS PROFESORES»

Adoptar una actitud firme y segura.

Como ya explicábamos al analizar cómo enseñamos el hábito de comer, un niño necesita percibir que sus papás saben lo que hacen, ver

1. Puede adelantarse 30 minutos en países que cenen antes.

RUTINAS RECOMENDADAS A PARTIR DE LOS SEIS MESES

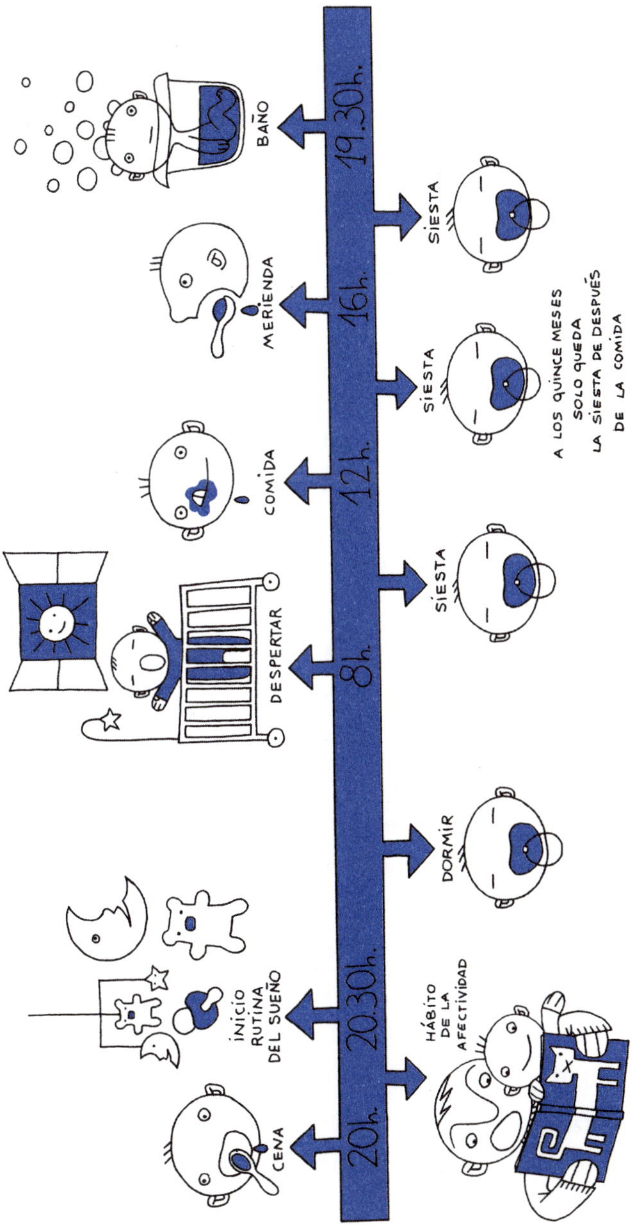

que se sienten seguros. Por eso, después de leer este libro y descubrir que existe un método científico para enseñar a dormir a los niños, vosotros no deberíais dudar más, sino concentraros únicamente en aplicar el tratamiento tal cual, haga lo que haga el niño, que exhibirá gran inventiva. Solo si mostráis este convencimiento, el método será efectivo.

- Los padres son los que saben enseñar.
- Los niños son los que aprenden.
- Los padres deben sentirse MUY SEGUROS para conseguir el éxito.
- Los padres no cambian ninguna de las normas.
- Si el niño gana una sola vez, el método fracasará.

3. PASO A PASO

Antes de ir a la cama

1. El hábito de la afectividad. Tras el baño y la cena, los padres dedicarán entre 5 y 10 minutos a compartir con el niño una actividad relajante y agradable (atención, siempre son los padres los que indican el tiempo que dura este hábito). Llamaremos hábito de la afectividad a este ratito en el que podéis escoger entre contarle un cuento, cantarle una nana o jugar a algo tranquilo. En este rato intercambiaréis besos, risas y mimos, lo que deseéis. Solo está desaconsejado ver la televisión, jugar con la consola o a algo que le excite demasiado. Se recomienda realizar el hábito de la afectividad en el salón o en cualquier otra

habitación diferente al dormitorio. De este modo, remarcaremos que en su cuarto se duerme y nada más.

Durante estos minutos los papás le demuestran al niño cuánto le quieren y que no están enfadados con él. Es importante que el pequeño lo recuerde cuando empiece el mal rato de irse a dormir.

2. En la habitación. Una vez finalizado el «hábito de la afectividad» llevaréis a vuestro hijo a su dormitorio y le pondréis el pijama-manta para no tener que estar pendientes toda la noche si está destapado. Aquí le estarán esperando los «ingredientes» que hemos preparado: el *Pepito*, el móvil, la luna y los chupetes (si los usa).

HÁBITO DE LA AFECTIVIDAD

- Una vez terminada la cena, los padres dedicarán 10 minutos a estar con el niño.
- Es el momento que los padres demuestran claramente su afectividad a su hijo.

¿Qué vais a hacer ahora? Y notad el «vais», no el «va», porque el niño hará de todo y equivocadamente. Por tanto, no podréis hacerle caso, sino concentraros en reproducir el siguiente proceso:

- Tumbaréis al niño en su cuna o camita y si se levanta, llora o protesta no perderéis los nervios. A estas alturas debéis estar ya muy convencidos de lo que vais a hacer y se lo vais a demostrar. Ante vuestro cambio de actitud, el niño se sentirá desconcertado. Entonces, durante unos breves instantes le daréis la mano, pero enseguida os alejaréis un metro de él, y uno de vosotros —el papá o la mamá, es indiferente— pronunciará la siguiente frase en voz alta con un tono sereno y dulce, pero seguro:

  — Amor mío, papá y mamá te van a enseñar a dormir solito. A partir de hoy dormirás aquí, en tu cuna, con el póster de la luna, el móvil y el *Pepito*.

El discurso debe durar unos 30 segundos, así que repetiréis está letanía dos o tres veces como autómatas hasta completar el medio minuto. La importancia de pronunciar esta frase radica en el tono de seguridad de la voz de quien la pronuncie (el papá, la mamá, los abuelos o la canguro). Una vez más, la clave es la actitud, que el tono suene seguro e impasible.

- ¿Qué haremos los padres?
  - Hablaremos con voz suave y tranquila, transmitiendo SEGURIDAD.
  - Durante 30 segundos le explicaremos que dormirá solito.
  - Es un MONÓLOGO, no un diálogo: no responderemos a ninguna pregunta ni acción.
- ¿Qué hará el niño?
  - El niño se equivoca porque no tiene adquirido el hábito correctamente.
  - Realizará acciones inteligentes que harán dudar a los padres.

Tal vez —muy probablemente—, mientras le hablan sobre el Pepito, el niño, que intuye la que se le viene encima, esté montando una escandalera horrible. Pero no por eso el adulto cambiará el tono de su voz, ni se callará. Y mucho menos conversará con él. Se trata de articular un monólogo, jamás un diálogo. El papá debe volverse ciego y sordo.

Llegados a este punto es donde los padres más sufren. Recordad lo que decíamos antes, los niños son tremendamente inteligentes y sabrán inventar protestas y acciones que os pondrán el corazón en vilo. Pero tampoco olvidéis que cualquier cosa que haga será equivocada —una conducta inadecuada—, el pobre es demasiado pequeño para saber cuán importante es que aprenda a dormir solo y lo único que quiere es sentirse acompañado y con sus papás. El bebé no puede leer esta guía rápida, no puede hacer lo correcto. Debéis llevarlo a cabo vosotros solos. Así que haced de tripas corazón, apagad la luz y salid del cuarto.

DESPUÉS DE APAGAR LA LUZ

Tras el discurso, os marcharéis de la habitación. A partir de este momento, debéis mantener nervios de acero, porque las dos primeras noches del tratamiento son duras. Lo que más ayuda a superarlas es pensar que, a menudo, a la tercera nuestro hijo se ha metamorfoseado en una deliciosa marmota.

Hasta que el «encantamiento» se produzca debéis hacer lo siguiente: si el niño se queda llorando y no se calma, al cabo de un minuto exacto, entraréis en su cuarto a tranquilizarle. No podéis dejar que el niño se aburra de llorar solito; un niño no puede aprender un hábito sin ayuda. ¿Verdad que cuando os enseñaron a esquiar o a nadar siempre había alguien pendiente de vosotros? Aquí sucede lo mismo, simplemente la manera de estar «pendiente» no consiste en que permanezcáis a su lado. Si lo hicierais os convertiríais en un «elemento externo asociado al sueño» del niño y deberíais seguir con él hasta la mañana siguiente. Lo que se hace en este caso es realizar unas pequeñas visitas al dormitorio para tranquilizar al niño (tal como explicamos en la Tabla 1, pág. 61). Y nada más.

- No entramos para que calle o se duerma.
- Entramos para demostrarle que no le abandonamos y le enseñamos a dormir.
- Importante: No hagamos nada de lo que no está permitido.

Durante estas cortas visitas no haréis nada, excepto repetir la frase que hemos citado anteriormente poniéndole suavemente la mano encima (ni lo besaréis, ni lo meceréis, ni le daréis la manita). En la primera ocasión, la frase se alargaba hasta los 30 segundos, pero a partir de la segunda (la primera visita), no durará más de diez segundos. Eso sí, se pronunciará con el mismo tono sereno y calmado de la primera vez. Se trata de que el niño gane seguridad en su hábito y concilie el sueño por sí mismo, evitando por todos los medios que pueda sentirse regañado, castigado o abandonado. Por tanto, recordad que si entráis en la habitación no es para que el niño se calle, tampoco para que se duerma, sino para que vea que no le abandonáis, que continuamente estáis a su lado, dándole afecto.

¿CADA CUÁNTO TIEMPO HAY QUE HACER LAS VISITAS?

Las visitas se repetirán cada vez que sean necesarias. Si el niño sigue llorando o gritando, cosa que seguro hará, volveréis a la habitación al cabo de 3 minutos. Y si la situación no mejora, esperaréis otros 5 antes de entrar de nuevo. Durante la visita, siempre haréis lo mismo: recitaréis vuestra frase y después os marcharéis. Nunca entablaréis un diálogo con el niño ni prestaréis atención a sus protestas. Ahora sabéis que solo está utilizando acciones para conseguir reacciones. En realidad, no le pasa nada. Por tanto, no os asustaréis ni flaquearéis en ningún momento, ni siquiera cuando veáis que el niño vomita o se da golpes. Suena duro, desde luego, pero si se aguanta sin hacer una sola excepción vuestro hijo dormirá de un tirón en pocos días. Y también vosotros. E incluso los vecinos. Mientras aplicáis el tratamiento no sufráis por ellos —debéis estar tranquilos—, porque acabarán por entenderlo. Sin embargo, si se da el caso de que algún vecino se queja, siempre podéis decirle que el niño tiene una otitis muy dolorosa, pero que el pediatra os ha asegurado que en menos de una semana estará bien (es una mentira piadosa que se puede utilizar).

Y eso es lo que durará el tratamiento si no perdéis la calma durante la madrugada y si siempre pronunciáis vuestra frase con la máxima dulzura, serenos pero rigurosos, sea la hora que sea de la noche. Veréis que no es tan difícil. Si estáis convencidos de lo que hacéis no transmitiréis ningún tipo de ansiedad ni duda y pronto el niño comprenderá que «no pasáis de él», que sois cariñosos, pero que sabéis lo que hacéis y nadie os va a convencer de que dejéis de hacerlo.

A continuación, os mostramos la tabla (Tabla 1) en la que se detallan los intervalos de tiempo que debéis esperar entre una visita y otra. Son totalmente orientativos. Podéis hacer adaptaciones reduciendo los tiempos aunque es siempre aconsejable seguir una progresión (Ta-

bla 2). Lo importante no es el tiempo que esperéis a entrar en la habitación para enseñar a dormir a vuestro hijo, sino lo que hacéis cuando estáis con él, y recordad que solo podéis comunicarles seguridad repitiendo la frase «*los papás te queremos mucho y por esto te enseñamos a dormir, entendemos que estás enfadado porque todavía no sabes hacerlo bien, pero ya aprenderás*».

Tabla 1

días	*1.ª espera*	*2.ª espera*	*3.ª espera y sucesivas*
1	1 minutos	3 minutos	5 minutos
2	2 minutos	5 minutos	8 minutos
3	3 minutos	7 minutos	11 minutos
4	4 minutos	9 minutos	14 minutos
5	5 minutos	11 minutos	17 minutos
Siguientes	6 minutos	13 minutos	20 minutos
Seguir igual hasta que se duerma solito	7 minutos	15 minutos	23 minutos

Tabla 2			
días	*1.ª espera*	*2.ª espera*	*esperas sucesivas*
1	1 minuto	2 minutos	3 minutos
2	2 minutos	3 minutos	4 minutos
3	3 minutos	4 minutos	5 minutos
4	4 minutos	5 minutos	6 minutos
5	5 minutos	6 minutos	7 minutos
6	6 minutos	7 minutos	8 minutos

Y, finalmente, el niño acabará quedándose dormido. Sí, sucederá. Tarde o temprano, después de tanto lloro e intentona frustrada, conciliará el sueño. Habrá comprendido que no tiene nada que hacer, que sus padres no le abandonan, porque entran continuamente a verlo, pero no atienden ninguna de sus demandas.

Sin embargo, hasta que aprenda a dormir solo es muy normal que vuelva a despertarse a medianoche y reclame nuestra presencia con el llanto. Y si hasta este momento el niño estaba acostumbrado a conciliar el sueño acompañado por uno de los papás, es muy probable que lo eche de menos: hasta ahora era su elemento externo, en adelante lo será el *Pepito*. Cuando ocurra, volveréis a repetir las visitas con sus intervalos y recitaréis el ya para vosotros famoso estribillo, siempre con la misma dulzura y serenidad aunque el reloj marque las cuatro de la madrugada. En ningún momento perderéis el control. Insistimos una vez más: no os enfadaréis ni prestaréis atención a sus acciones. Repetiréis la frase tranquilizadora, independientemente de la hora que sea, las doce de la noche o las cinco de la madrugada.

- El niño no tiene reloj y no sabe qué hora es.
- Cada vez que se despierta aplicamos la tabla de tiempos y el método.
- En la siesta actuaremos exactamente igual.

RESUMEN

¿CÓMO SE ENSEÑA EL HÁBITO DEL SUEÑO?

A la hora de enseñar a dormir a un niño no se distingue entre un bebé y un pequeño de 4 años. En todos los casos hay que:

1. *Preparar los elementos externos*. Escogeréis personalmente los elementos que «acompañarán» al niño durante toda la noche.

   — Un muñeco (*Pepito*).
   — Varios chupetes (si los utiliza).
   — Un póster con una luna y un móvil colgante que estén cerca de él, pero que no pueda tocarlos.

2. *Fijar unos horarios*.
3. *Mentalizarse*. Adoptar una actitud firme y segura.

PASO A PASO

a. El hábito de la afectividad. Tras el baño y la cena, dedicaréis 5-10 minutos a compartir una actividad agradable con el niño.
b. Una vez en la habitación, le acostaréis dulce y serenamente, y del mismo modo repetiréis la frase «Amor mío, papá y mamá te van a enseñar a dormir solito. A partir de hoy dormirás aquí, en tu cuarto, con el póster de la luna, el móvil y el *Pepito*».
c. Si es necesario —si el niño llora desconsolado— realizaremos pequeñas visitas para tranquilizarle, no para dormirle, respetando unos intervalos fijos entre cada una de las visitas.

4 Dudas y preguntas

Mi marido y yo trabajamos muchas horas cada día. Por la noche acabamos agotados y no estamos seguros de poder mantener la calma si empezamos a aplicar el método en estas condiciones. ¿Sería mejor que esperásemos a que llegasen las vacaciones para comenzar el tratamiento? ¿Cuál es el momento idóneo para hacerlo?

La consigna es: «No dejéis para mañana lo que podáis hacer esta misma noche». Vuestro hijo tiene que dormir bien cuanto antes y vosotros lo necesitáis tanto como él, así que lo mejor es que no pospongáis el tratamiento y comencéis a aplicarlo tan pronto hayáis acabado de leer estas páginas. Eso sí, antes debéis aseguraros de lo siguiente:

1. De que estáis totalmente convencidos de lo que vais a hacer: enseñar a dormir a vuestro hijo empleando un sencillo método científico que ha funcionado en el 96 % de los casos en que se ha aplicado. Eso hará que no perdáis el control. Debéis recordar que estáis enseñando a dormir a vuestro hijo y que es esencial que él descanse correctamente para que no sufra las consecuencias de su insomnio. Del mismo modo en que jamás se os ocurriría decir que estáis demasiado agotados para darle de comer al niño, no podéis justificar que el pequeño duerma mal. Descansar correctamente es tan importante como comer adecuadamente.
2. De que habéis comprendido perfectamente en qué consiste el tratamiento y el porqué de cada una de las acciones que lleva-

réis a cabo (desde por qué debéis proporcionarle un muñeco a vuestro hijo hasta el motivo por el cual tenéis que esperar unos minutos antes de entrar en su habitación).

3. De que la situación es idónea. Es decir, no hay ninguna alteración de la rutina ni del ritmo normal de la familia. Precisamente, las vacaciones no son un buen momento para comenzar el tratamiento, como tampoco lo son las mudanzas, ni las salidas de fin de semana ni las visitas de extraños. Todas estas circunstancias podrían interferir de algún modo negativamente. Así que antes de comenzar aseguraos de que al menos durante los diez siguientes días no hay nada previsto susceptible de trastornar la vida familiar.
4. Asimismo es importante que el niño se encuentre bien, que no tenga ninguna enfermedad (otitis, gripe, proceso febril, alergias, reflujo, intolerancia a la leche, etcétera).

- Si el niño enferma a mitad del tratamiento deberéis acudir a consolarle cada vez que llore sin esperar a que pasen los minutos indicados en la tabla de tiempos. Durante estas visitas, haréis todo lo que os aconseje el pediatra; por ejemplo mediréis su temperatura con un termómetro, le administraréis la medicación prescrita y si tiene la boquita seca le daréis un poco de agua (para evitar la deshidratación, no para que se calle y se duerma). En este sentido, debéis ser cariñosos y dulces, pero no condescendientes. Si le cambiáis las rutinas durante su enfermedad, después os resultará más difícil volver a ser estrictos.

  Una circunstancia que también podría parecer especial es la aparición de los primeros dientes. Sin embargo, no está demostrado que los dientes duelan al salir y si el niño llora por la noche mientras le crecen probablemente también lo hiciera antes de que comenzaran a salirle. Por este motivo, podéis empezar el tratamiento tranquilamente.

Mi mujer y yo estamos acostumbrados a leer en la cama y solemos quedarnos dormidos con la lámpara de la mesita de noche encendida. Nuestro hijo de cuatro años dice que tiene miedo a la oscuridad y protesta si le apagamos la lamparita, porque dice que nosotros dormimos con la nuestra encendida. ¿Deberíamos comprarle una de esas luces que iluminan tenuemente las habitaciones?

Salvo los casos excepcionales en que existe un miedo de tipo patológico, los niños con problemas de insomnio no tienen miedo a la oscuridad, sino a enfrentarse con un hábito —el dormir— que no controlan y que les produce gran inseguridad. Lo que sí sucede es que en la oscuridad todo les parece mucho más tremendo y su fantasía puede desbordarse con mayor facilidad e inventar monstruos más grandes y horripilantes que durante el día. Así que no debéis preocuparos si durante el día no se muestra especialmente miedoso y únicamente se queja de temores durante la noche.

Lo que también ocurre es que el miedo resulta una de las excusas más efectivas para captar la atención de los padres. Con solo pronunciar esta palabra, corren a ver qué les ocurre a sus pequeños. Es comprensible, pocas cosas conmueven más a un adulto que ver sufrir a un niño. En este sentido un «tengo miedo» no se diferencia demasiado de un «tengo pipí». Se trata de una acción más que busca vuestra reacción, así que no debéis concederle mayor importancia. Es una conducta inadecuada que debe ser ignorada.

Por otro lado, y pese a que vosotros estéis acostumbrados a quedaros dormidos con la lamparita encendida, la luz nunca debe ser un elemento externo asociado al sueño. Por este motivo, no le dejaremos tenerla encendida mientras se queda dormido, porque si después se la apagamos y el niño se despierta a medianoche la echará de menos y volverá a tener problemas para conciliar el sueño. En este sentido, también quedan descartadas las lamparillas de iluminación tenue y los posibles artefactos emparentados con *Gusiluz*, aquel muñeco con forma de oruga que se pasaba la noche con la cabeza brillando como si hubiera sufrido una insolación. ¡Ah! ¿Por qué no os planteáis también vosotros mejorar vuestros hábitos de sueño y apagáis la lamparilla antes de iniciar el sueño? Sería un buen ejemplo para vuestro hijo.

Nuestro hijo tiene once meses y una increíble tendencia a vomitar ante el más mínimo disgusto. ¿Qué hacemos si el niño arroja cuando le estamos enseñando a dormir? ¿Debemos interrumpir el método y retomarlo al día siguiente?

Como os explicaba anteriormente, una de las pocas acciones que puede llevar a cabo un bebé para comunicarse con los adultos es el vómito, algo que le resulta muy fácil de provocar y que no reviste mayores consecuencias. Por eso, debéis ignorar este tipo de llamadas de atención. Su vómito no debe asustaros y, en absoluto, debéis modificar vuestra enseñanza. Os limitaréis a limpiarle sin alteraros ni castigarle —sea la hora que sea de la madrugada—, y repetiréis la frase que ya conocéis: «¿Ves, amor mío? Ahora estás muy enfadado y por eso has vomitado, pero no pasa nada. Los papás te quieren mucho y ahora que estás limpio te van a enseñar a dormir. Te vas a quedar aquí con tu *Pepito*, el póster y el móvil». De este modo, el bebé aprenderá que su acción no sirve para nada y dejará de hacerla enseguida.

En casa seguimos su método a rajatabla y conseguimos que nuestro hijo durmiera bien en solo cinco días. Ahora se acercan las vacaciones y tememos que todo se estropee. ¿Qué medidas deberíamos tomar mientras estamos fuera de casa?

No es necesario que carguéis con más paquetes que los Reyes Magos para meter en ellos la habitación de vuestro hijo al completo como si fuera la casita desmontable de la Barbie. Eso sí, nunca olvidéis llevaros su *Pepito* ni sus chupetes (en caso de que siga utilizándolos). Si el niño ya es grandecito y puede comprender una conversación más o menos sencilla, le explicaréis que la cama que va a utilizar durante los días en que estáis fuera de casa es excepcional y remarcaréis que lo normal es dormir, como lo hace cada día, en su habitación.

Hace cuatro meses adoptamos una niña de tres años del Nepal y aunque ya está casi completamente adaptada a la vida occidental y durante el día se comporta como una niña normal, por las noches no consigue dormir bien y siempre se viene a nuestra cama y reclama nuestro cariño. Queremos aplicar su método, pero nos da miedo que pueda volver a sentirse abandonada si la dejamos solita en su habitación. Por otro lado, su español aún no es muy bueno y tememos que no nos entienda del todo cuando le expliquemos que va a dormir sola con su muñeco.

En el caso de un niño adoptado que ha pasado mucho tiempo solo y ha sufrido carencias afectivas importantes hay que valorar qué es más importante antes de empezar a aplicar el método: enseñarle a aprender el hábito del sueño o esperar algunas semanas más hasta que se haya afianzado la afectividad entre padres e hijo. Eso es algo que debéis valorar vosotros, porque sois quienes mejor conocéis a vuestra pequeña. Tampoco está de más que consultéis con vuestro pediatra y que él os dé su opinión después de ver a la niña.

De todos modos, si decidís empezar a enseñarle el hábito desde el primer momento de la adopción podéis ser algo menos rígidos y hacerlo mal «adrede» al principio. Muy probablemente, después de un mes de estar con vosotros y saber que sois su nueva familia ya podréis aplicar el método de forma completa. Esta excepción solo se puede hacer en estos casos, porque estos niños han vivido circunstancias excepcionales.

De lo que no debéis preocuparos es de las cuestiones idiomáticas. Como ya explicábamos, los niños pequeños captan el tono, la intención y no el significado de las palabras. Si pronunciáis la frase de buenas noches en un tono dulce y sereno, vuestra hija os entenderá tan bien como un niño nacido en Occidente.

Cuando mi marido y yo nos vamos de fin de semana solemos dejar a nuestra hija al cuidado de mis suegros. Ellos la consienten demasiado y además son algo mayores y me da miedo que no apliquen el método por considerarlo «demasiado moderno». ¿Cómo podría hacerles entender que es fundamental que respeten todas las normas también a la hora de poner a la niña a dormir la siesta?

Los papás educan a sus hijos, mientras que los abuelos miman a sus nietos. Y los mimos, siempre tan recomendables y entrañables, pueden dar al traste con el tratamiento, por lo que es desaconsejable que el niño duerma en casa de vuestros padres o suegros durante las primeras noches. Esperad a que pasen al menos diez días desde que comenzasteis para que vuestro hijo esté más que «acostumbrado» a dormir bien.

Una vez superado el período inicial ya podéis dejar que los abuelos cuiden del niño sin agobiarles con un montón de instrucciones, porque, de todos modos, ellos van a hacer lo que quieran. Así que bastará con que les expliquéis superficialmente los principios básicos del tratamiento: que les hagáis entender que el horario de irse a dormir es inapelable y que el niño debe dormir con su muñeco y chupetes (si los usa).

No os alteréis si después improvisan, porque el niño entenderá que la estancia con sus abuelos es tan excepcional como las vacaciones y que el modelo a seguir, el que le da seguridad, es el que le enseñan sus papás.

Otra cosa sería que, por alguna circunstancia, vuestro hijo tuviera que dormir con sus abuelos a diario. En este caso, deberían seguir el método a rajatabla, exactamente igual que vosotros. Una de las razones por las que adjuntamos el CD en esta edición especial del método Estivill es, precisamente, para que los padres podáis coordinaros más fácilmente con esas otras personas que también cuidan de vuestros hijos. Lo mejor sería que les ofrecierais escuchar la grabación, donde todo el método se explica de un modo sencillo y con palabras muy fáciles de entender. Así no les parecerá un tratado de normas complicadas y modernas, sino una charla con un médico. Ello ayudará a convencerles de la importancia de aplicar el método correctamente, del mismo modo en que les explicáis qué medicinas darles a la niña cuando está malita.

Por supuesto, si quien acuesta al niño todas las noches es la canguro, esta también tendrá que seguir cada uno de los pasos explicados.

Queremos empezar a aplicar el método lo antes posible, pero de momento nuestro hijo pasa ocho horas en una guardería y duerme allí la siesta. ¿Debemos avisar a las puericultoras?

Los cuidadores son excelentes profesionales y no distinguen entre unos niños y otros. Por el contrario, cuentan con horarios y rutinas muy organizados. Por este motivo, los niños se sienten seguros y duermen plácidas siestas. En todo momento saben qué van a hacer sus «señoritas» —cada día lo mismo a la misma hora, en el mismo lugar y con los mismos elementos externos—. Así que no hace falta explicar nada en el colegio, sino que debéis concentraros en lo que haréis vosotros en casa, para que el niño sienta la misma seguridad y tampoco tenga problemas para echar la siesta.

Mi mujer y yo nos separamos hace medio año. Desde entonces solo veo a mi hijo de cuatro años cada quince días. Cuando viene solemos jugar en la cama y siempre se queda dormido conmigo. Ahora mi mujer me ha dicho que no lo haga porque ella ha empezado a aplicar su método. ¿Realmente es tan negativo para él que durmamos juntos?

Sí lo es. Como también es muy lógico que tú desees pasar el máximo de tiempo junto a él. Sin embargo, lo importante es que tu hijo duerma bien. Por otro lado, los padres siempre debéis coordinaros, no importa que estéis separados. De cara a vuestro hijo debéis actuar del mismo modo para no confundirle. Cuando tu hijo pase contigo el fin de semana debes hacerle entender que vais a estar juntos divirtiéndoos y jugando todo el día, pero las noches son para dormir con su *Pepito* (y sus chupetes si los usa) y en su camita, tal como lo hace en la casa con la mamá. En este sentido, debes hacer exactamente lo mismo que se recomienda durante las vacaciones.

Nuestra hija de dos años tiene síndrome de Down, ¿es necesario que adoptemos unas medidas especiales o consultar al pediatra antes de comenzar a aplicar el método?

Los niños con síndrome de Down o algún tipo de discapacidad mental pueden aprender a dormir del mismo modo y siguiendo idéntico tratamiento que cualquier otro niño. Probablemente será algo más difícil enseñarles, porque suelen tener menor capacidad de atención, pero no debemos menospreciar jamás su capacidad para entendernos. Del mismo modo en que le habéis enseñado a comer solita como una niña más —con plato y cuchara y de una manera adecuada— la enseñaréis a dormir correctamente.

Los niños con disfunciones también aprenden según los principios de acción y reacción que hemos explicado anteriormente, así que podemos seguir el método con toda tranquilidad. La clave para aplicar el tratamiento con éxito reside precisamente en vosotros y quienes estén al cuidado de vuestra hija. En ningún caso debéis sobreprotegerla y ser más permisivos con ella de lo que seríais con cualquier otro niño. El carácter de los niños con Down es muy particular, resultan especialmente cariñosos y es lógico que vosotros también lo seáis con ella, pero recordad que no debéis confundir cariño y dulzura con sobreprotección y permisividad. Es importante que no os saltéis ninguna de las normas, por muy desconsolada que podáis ver a vuestra hija. Todos los niños lo están al iniciarse el tratamiento. Después todo irá bien. Y ya sabéis que si acudís a su habitación siguiendo la tabla de minutos que antes detallábamos la niña no se sentirá en absoluta abandonada. Si conseguís hacer de tripas corazón, lograréis también que vuestra hija duerma bien y gane en seguridad.

De todos modos, no está de más que los padres con hijos con algún tipo de discapacidad acudan al psicólogo o psiquiatra infantil por si este cree necesaria cierta ayuda terapéutica.

Recientemente nos hemos trasladado a un dúplex. En nuestra nueva casa el comedor está en la planta baja y las habitaciones en la de arriba. Hace unas semanas vimos que el niño había saltado de su cuna y ahora nos da miedo que algún día se caiga escaleras abajo. ¿Qué debemos hacer?

Realmente la cosa se complica cuando el niño es mayor y puede saltar de la cuna. Si lo hace, no le cerréis la puerta, porque le angustiaríais enormemente y pensaría que le estáis castigando (recordad que debemos evitar por todos los medios asociar «castigo» con «cama» o «dormir»). En su lugar, se recomienda instalar una pequeña barandilla en la puerta, suficientemente alta para que no pueda saltarla, lo cual

no es muy difícil de encontrar en tiendas especializadas o encargándola a una ebanistería. Y, sobre todo, no os preocupéis, el niño no pensará que lo habéis encerrado en una tremebunda cárcel. Simplemente, creerá que ha «crecido» su cuna —que ya tiene forma de jaula con barrotes— y cuando llore o proteste en vez de hacerlo de pie sobre el colchón lo hará agarrado a esta pequeña valla. De este modo, impediréis que gatee o camine por la casa y que pueda salir rodando por las escaleras.

En cualquier caso, vuestra actitud siempre ha de ser la misma, tranquila y segura. Y, por supuesto, el método tampoco debe variar. Ante una situación de este tipo, lo único que debéis vigilar es que el niño no se quede dormido en el suelo. En este caso, lo cogeréis en brazos y lo llevaréis de vuelta a su camita con sumo cuidado. Si durante el trayecto se despierta volveréis a enseñarle del modo ya explicado.

Mi hijo tiene cuatro años y medio, y aunque nunca ha dormido bien, creemos que ya no puede tardar en aprender a hacerlo. ¿Vale la pena que empecemos con el método?

Por supuesto que sí. Si el niño no aprende a dormir correctamente antes de los cinco años y nadie soluciona su insomnio infantil acabará sufriendo lo que clínicamente se denomina «insomnio aprendido». Este tipo de trastorno se caracteriza porque:

— Los niños manifiestan miedo a dormir y a la oscuridad.
— Intentan prolongar al máximo el inicio del sueño.
— Ponen excusas para no dormir solos.
— Rehúsan ir a dormir a otras casas y de campamentos.
— Se sienten inquietos al acercarse el momento de acostarse.
— Ir a la cama no es para ellos un acto placentero.
— Duermen menos horas de las necesarias.

Las consecuencias del insomnio aprendido afectan a toda la familia, pero sobre todo al niño, que puede sufrir importantes trastornos físicos, psíquicos y escolares. Por otro lado, reeducar el hábito del sueño es más difícil a partir de los cinco años, ya que el niño cuenta con más recursos y la sensación de fracaso de toda la familia dificulta la serenidad y seguridad necesarias para tratar este trastorno. Además, un niño mayor domina las más sofisticadas técnicas de chantaje emocional y puede hacer flaquear al padre más avezado. Así que no lo dudéis ni un minuto: Vale muchísimo la pena que empecéis ya.

Nuestro hijo mayor nunca tuvo problemas para dormir y pronto lo cambiamos de la cuna a su cama, pero la pequeña no quiere dormir en su cama y ahora que tiene tres años siempre se viene a la nuestra. ¿Cuándo debería aprender a dormir en su propia cama?

Las primeras semanas de vida de un bebé son una verdadera locura para toda la familia y durante esos días es muy normal que el niño

duerma en la habitación de los padres para que así sea más sencillo y rápido darle sus tomas y atenderlo.

En cualquier caso, al tercer mes de vida, el niño ya podría dormir en su propia habitación. De todos modos, lo normal es que hasta los seis meses pueda estar junto a la madre para facilitar la toma nocturna. El cambio de la cuna a la cama se debe hacer cuando el tamaño y el comportamiento del niño lo indiquen: cuando apenas si cabe y se incorpora hasta ponerse de pie e incluso trepa por encima de la barandilla.

Eso sí, el cambio debe producirse en un momento tranquilo para el niño y se debe retrasar si hay algún acontecimiento especial, como la llegada de un nuevo hermanito, el inicio de la guardería o un traslado de casa. Asimismo, es recomendable que felicitéis al niño por «ser mayor», «por tener una cama tan bonita» en la que dormirá muy bien.

Me temo que el insomnio de nuestro hijo no tiene remedio. En casa ya hemos aplicado el método tres veces y no hemos conseguido enseñarle a dormir. ¿Qué sucede?

Es cierto que en algunas ocasiones cuesta aplicar el método más que en otras, pero no nos desanimemos. Repasemos las situaciones en que se dan problemas, y sobre todo procuremos ser muy sinceros al buscar la causa por la cual el método no se pueda llevar a cabo con éxito:

1. Debéis cercioraros de que realmente se ha realizado el método de forma rigurosa y sin ningún cambio de las normas sugeridas. Es frecuente que los papás hagáis adaptaciones del método y eso casi nunca funciona. Si tenéis amigos que han seguido el método y han logrado un sueño reparador y continuado para toda la familia, podéis preguntarles cómo lo han conseguido y seguro que os dicen que lo han aplicado a rajatabla.
2. Si solo conoce el método uno de los padres, el fracaso está asegurado. Conseguir que los dos sean unos perfectos profesores es precisamente lo que ha motivado esta *Guía rápida*. La inseguridad de quien no conoce el método puede llegar a hacer dudar al que lo practica. Lo mismo sucede si hay personas en la casa —canguros, abuelos, tatas, etc.—. Todos deben conocer y saber aplicar el método.
3. También podría suceder que entendiéramos el método, pero que no fuésemos capaces de aplicarlo. Veamos por qué se produce esta situación:

   a. Porque el niño presenta problemas

- Se ha puesto enfermo y toma medicación (en este caso hay que esperar hasta que sane).
- Tiene algún problema de maduración o desarrollo (entonces debe ser el pediatra quien recomiende lo que se debe hacer).
- Su temperamento es irascible (en este caso es oportuno consultar con un psicólogo o psiquiatra infantil para que decida qué conducta debemos seguir).

b. Porque los padres presentamos problemas

- Inseguridad. A veces no es fácil reconocer que la culpa no es del niño, sino que nosotros somos incapaces de llevar a cabo unas rutinas correctas por algún problema emocional, relacional o sociocultural. Pueden existir madres o padres con una inseguridad manifiesta que les hace especialmente vulnerables. Las madres o padres inseguros son menos flexibles, menos cumplidores y con mayor afectación emocional. Al ser menos flexibles también son menos tolerantes y esto aumenta la dificultad para aplicar el método (véase capítulo donde se explica el concepto «el niño capta lo que los padres le transmiten»).
- Alteraciones emocionales y psicopatológicas en las madres o los padres. Son frecuentes y fáciles de reconocer si somos sinceros. Las más frecuentes son:

  — estrés familiar,
  — depresión materna o paterna,
  — separación patológica de la madre o el padre con relación al niño,

— actitud ambivalente de la madre o el padre (a veces no pueden separarse de él, a veces desearían no tenerlo).

Este tipo de situaciones suelen provocar:

— cambios bruscos de actitud,
— sensación de culpa,
— sobreestimulación del niño,
— períodos de ignorar inconscientemente al niño,
— dificultades para mantener una conducta equilibrada,
— dificultades para crear hábitos adecuados.

- También pueden existir otras alteraciones emocionales secundarias:

— dificultades de alimentación (es frecuente la asociación de mal hábito de sueño y mal hábito de la comida); las causas frecuentemente son las mismas: poca confianza en uno mismo, inseguridad personal;
— aumento de la ansiedad (por un problema concreto de los padres o del resto de la familia);
— problemas de pareja; es obvio que toda situación de ansiedad creada por una mala relación de pareja influirá en el niño.

Todas estas circunstancias pueden provocar una falta de confianza en el método y harán imposible o muy difícil la practica del mismo.

Las soluciones ante estos problemas son:

- ser capaces de reconocer que el problema lo tenemos nosotros y no el niño;
- una vez reconocido el problema, intentar superar la situación volviendo a leer cuidadosamente el método, discutiendo con la pareja las partes teóricas y dejar que aplique el método el cónyuge más adecuado en cada momento;
- si creemos que no podemos solventar la situación nosotros solos será necesaria la ayuda de un psicólogo o psiquiatra.

Después de haber aprendido a dormir correctamente, ¿existe la posibilidad de que nuestro hijo vuelva a tener problemas con su sueño?

En principio, no. Como ya hemos dicho, el método funciona en la casi totalidad de los casos en que se ha aplicado. Por otro lado, cuando alguien aprende a comer bien no se cuestiona que, de repente, un día pueda olvidar el modo de hacerlo. Con el hábito del sueño ocurre lo mismo. Sin embargo, es cierto que algunas situaciones excepcionales (como sufrir un trauma psicológico o tener que ingresar en el hospital a causa de una enfermedad) podrían provocar una vuelta a la antigua situación. Ante un retroceso de este tipo, volveríamos a comenzar el tratamiento desde el principio.

Pero no debéis tener miedo de que esto ocurra, entre otras cosas, porque vuestro hijo no será el único en haber aprendido la lección. Vosotros también lo habréis hecho: habréis descubierto que es posible enseñar el hábito del sueño. Después de conseguirlo una vez os sentiréis mucho más seguros de vosotros mismos. Ya no seréis aquellos papás agotados que juraban y perjuraban «haberlo probado todo sin resultado». Habréis empezado a transmitir confianza —en lugar de inseguridad— y ya sabéis que esta actitud es determinante para aplicar el método y acabar con el trastorno de vuestro hijo.

Agradecimientos

Magdalena Bandera, periodista;
Montse Domènech, psicóloga y pedagoga;
Montse Santamarina, periodista.
Rosa Caballero, psiquiatra infantil.

ESTE LIBRO HA SIDO IMPRESO
EN LOS TALLERES DE
LIBERDÚPLEX, S. L.
CONSTITUCIÓ, 19. BARCELONA